OPTImal
INTERNATIONAL

*Die besten Rezepte
aus aller Welt*

Impressum

HEEL Verlag GmbH
Gut Pottscheidt
53639 Königswinter
Tel.: 02223 9230-0
Fax: 02223 9230-13
E-Mail: info@heel-verlag.de
Internet: www.heel-verlag.de

© 2022 HEEL Verlag GmbH
In Zusammenarbeit mit **Tefal**

Autorin: Antje Watermann
Projektleitung/Lektorat: Hannah Kwella
Fotos: Jo Kirchherr, Köln, www.jokirchherr.com
Foodstyling: Petra Blank
© Adobe Stock: paladin1212, Inna_G, dedoma, n.bird, romantiche,
CharlieNati, Eugenia Nikolova, freeskyline, PureSolution
Satz und Gestaltung: Christine Mertens

ISBN: 978-3-96664-507-2

ANTJE WATERMANN

OPTImal
INTERNATIONAL

Die besten Rezepte
aus aller Welt

Tefal

HEEL

INHALT

EUROPA

46
GEGRILLTER
TINTENFISCH „DUBROVNIK"
MIT DJUVEC-REIS

48
GRIGLIATA
MEDITERRANE FISCHPLATTE
MIT FENCHELGRATIN

50
GYROS
MIT ZAZIKI IM PITABROT

52
SUCUK-SANDWICH

54
TAPAS A LA PLANCHA - SPANISCHE VORSPEISEN
GEGRILLTE DATTELN IM SPECKMANTEL,
PIMIENTOS DE PADRÓN

ASIEN

22
ENTENBRUST-ZITRONENGRAS-SPIEßE
MIT GEMÜSE

24
GEGRILLTER TERIYAKI-LACHS
MIT GEMÜSE

26
RINDFLEISCH-SATÉ
MIT ERDNUSSSAUCE

28
ROASTED DIM SUM

30
SCHWEINEBAUCH
SÜSSSAUER MARINIERT

AUSTRALIEN

34
AUSSIE-BURGER
MIT ANANAS UND ROTER BETE

36
AUSTRALIAN LAMB CHOPS
MIT GEGRILLTEM KÜRBIS

38
FISH AND CHIPS „AUSTRALIAN STYLE"
MIT GEGRILLTER AVOCADO

40
JAFFLES-SANDWICH
MIT CORNED BEEF

42
GEGRILLTER LAMINGTON-ANANASSPIEß
MIT WARMER SCHOKOSAUCE &
KOKOSRASPEL

VORWORT

Abwechslung in der Küche tut bekanntermaßen Leib und Seele gut. Tag für Tag an immergleichen Beilagen kauen macht auf Dauer keinen Spaß und nimmt einem irgendwann gänzlich die Freude am Kochen oder Grillen. Glücklicherweise ist der OptiGrill mit seinen zahlreichen Möglichkeiten bestens ausgestattet, um die monotone Langeweile auf dem Teller spielend leicht in die Flucht zu schlagen.

Jedes Modell wartet dabei mit seinen eigenen Finessen auf und was böte sich eher an, als diese mit raffinierten und vielseitigen Rezepten herauszukitzeln?

Dieses Buch nimmt Sie mit auf eine Reise rund um den Globus. Die originellen Gerichte, die mit dem OptiGrill problemlos und ohne großen Aufwand umgesetzt werden können, bringen dabei neuen Schwung in Ihre Küche und wer weiß – vielleicht inspiriert Sie das eine oder andere Rezept ja zu einer Reise in ganz neue Regionen?

Afrika, Asien, Australien, Europa, Nordamerika und Südamerika bieten Ihnen auf den folgenden Seiten eine bunte Auswahl ausgefallener Geschmäcke. Sämtliche Rezepte sind auf allen OptiGrill-Modellen anwendbar, sollte ein für das Rezept genutztes Programm nicht auf allen Geräten vorhanden sein, wird dementsprechend ein alternatives Programm genannt.

Wer also gern einmal das klassische Steak gegen „Roasted Dim Sum", „Peruanische Forellen-Ceviche" oder ein „Sucuk-Sandwich" eintauschen möchte, ist hier an der richtigen Adresse.

Der OptiGrill bietet dabei die optimale Grundlage für die perfekten Röstaromen und saftiges Grillgut. Die antihaftbeschichteten Platten können nach jedem Grilldurchgang mit einem Küchentuch abgewischt und direkt weiter genutzt werden. Nach dem Grillen die Platten einfach aus ihrer Verankerung lösen und mit etwas Spülmittel und einem herkömmlichen Schwamm oder einer Silikonbürste unter fließendem Wasser säubern. Wer sich gern die Mühe ersparen möchte, kann die Platten auch in die Spülmaschine geben, dann allerdings bitte darauf achten, dass keine spitzen Teile wie Besteck oder scharfe Kanten die Beschichtung zerkratzen können und die Platten genügend Abstand zueinander haben. Selbstverständlich kann auch das Zubehör der OptiGrills, wie die Backschale, der Waffeleinsatz oder die Fettauffangschale in der Spülmaschine gereinigt werden.

Ob Sie mit den sechs Programmen des Standard-Modells (Burger, Steak, Geflügel, Sandwich, Wurst, Fisch), den neun Programmen des OptiGrill Plus XL Modells oder mit den zwölf bzw. 16 Programmen des OptiGrill Elite und OptiGrill Elite XL grillen, in diesen Rezepten finden Sie für jede Version die passenden Angaben.

Und wie immer gilt auch hier: Probieren Sie sich aus! Rezepte dienen als Inspiration und müssen nicht zwangsweise als strikte Anleitung verstanden werden. Ersetzen Sie einzelne Zutaten die Sie nicht mögen oder vertragen und ergänzen Sie nach Herzenslust, was Ihnen schmeckt. Der OptiGrill macht es einem leicht sich kulinarisch zu entfalten.

IN JEDEM FALL VIEL FREUDE BEIM NACHKOCHEN UND GUTEN APPETIT!

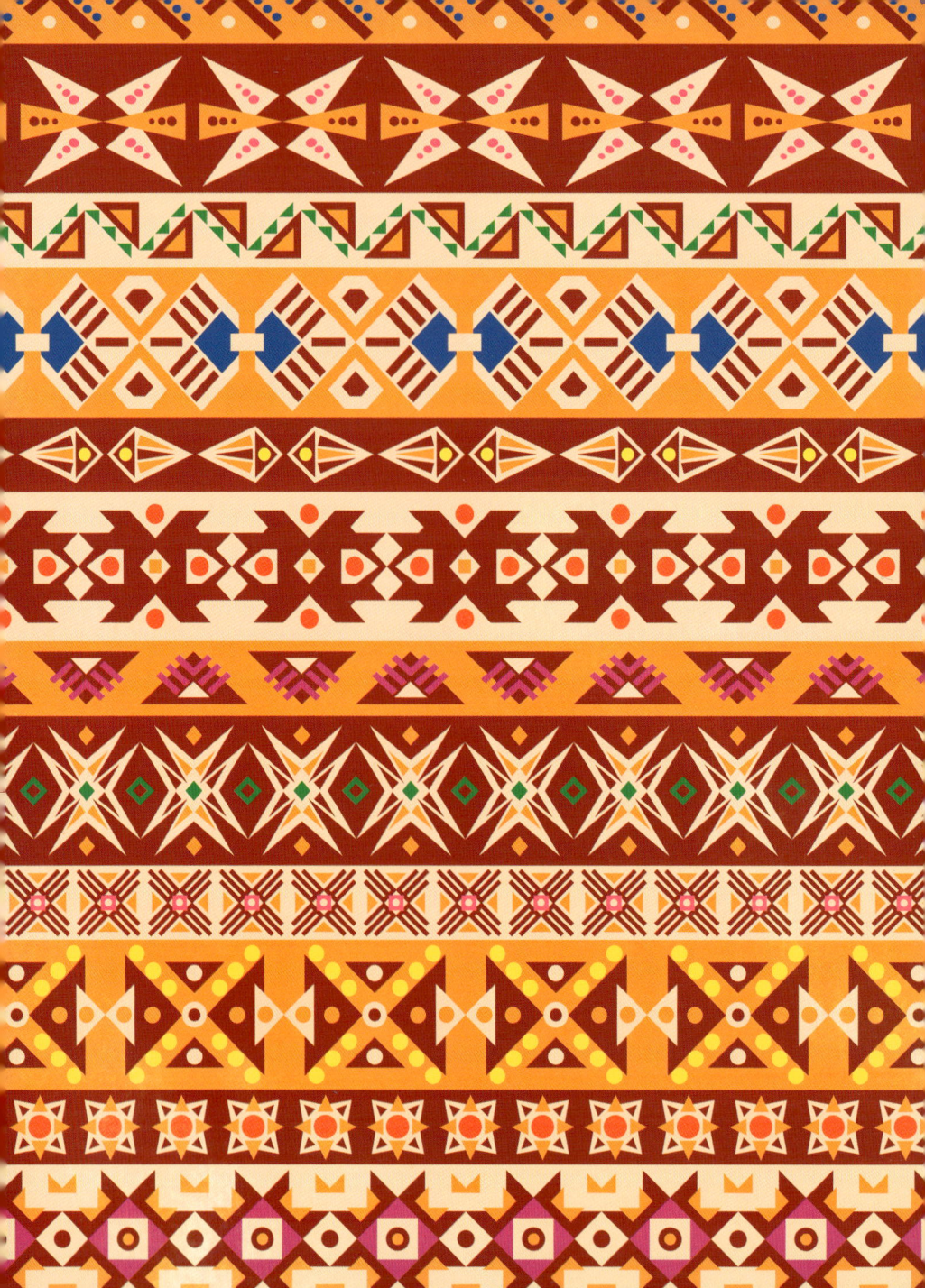

AFRIKA

10
HÄHNCHENBRUST MAROKKANISCHER ART
MIT ZITRONEN-JOGHURT-DIP UND COUSCOUS

12
LAMM-KEBAB
MIT MAROKKANISCHEN KAROTTEN

14
SLATA MECHOUIA
TUNESISCHER SALAT MIT GEGRILLTEM GEMÜSE

16
SÜDAFRIKANISCHES RÕSTBROT
„ROOSTERKOEK"

18
TOMATENSCHARFER BULGUR
MIT GEGRILLTER DORADE

HÄHNCHENBRUST MAROKKANISCHER ART

MIT ZITRONEN-JOGHURT-DIP UND COUSCOUS

AFRIKA

4 Portionen
25 Min. Vorbereitungszeit +
1 Std. Marinierzeit +
10–15 Min. Grillzeit

6 EL Olivenöl
1 EL Ras el Hanout
1 TL Currypulver
1 Bio-Zitrone, Saft und Abrieb
4 Hähnchenbrustfilets
50 g Naturjoghurt
175 g Crème fraîche
1 TL Zucker oder
Agavendicksaft
Salz
Pfeffer, frisch gemahlen

325 ml Gemüsebrühe oder
Salzwasser
3 EL Olivenöl
250 g Couscous
Salz, nach Belieben
3 EL Ayvar
6 getrocknete Aprikosen
2 Handvoll frische Minze

1 In einer Schale die 6 EL Olivenöl, das Ras el Hanout, das Currypulver, 1 EL Zitronensaft und den Zitronenabrieb vermischen.

2 Die gewaschenen und trocken getupften Hähnchenbrustfilets mit einem Messer halbieren, in einen Gefrierbeutel geben und mit der vorbereiteten Marinade übergießen. Dann den Beutel verschließen, etwas durchkneten und das Fleisch ca. 1 Stunde an einem kühlen Ort in der Marinade ruhen lassen.

3 Währenddessen den Joghurt, die Crème Fraîche, den restlichen Zitronensaft, Salz und Pfeffer in einer Schüssel zu einem Dip verrühren und kaltstellen.

4 Für den Couscous die Gemüsebrühe oder das Salzwasser mit 1 EL Öl in einen Topf geben und zum Kochen bringen. Den Couscous hinzufügen und aufkochen. Dann sofort den Topf vom Herd nehmen, einen Deckel aufsetzen und den Couscous 5 Minuten im Topf quellen lassen. Anschließend eventuell etwas auflockern und nach Belieben salzen.

5 Die übrigen 2 EL Olivenöl in einer Pfanne erhitzen und mit dem Ayvar vermischen. Die Aprikosen in kleine Würfel schneiden und zusammen mit der Ayvar-Öl-Mischung und der zuvor gehackten frischen Minze unter den Couscous mengen.

6 Nach Ende der Marinierzeit die Hähnchenbrustfilets aus der Marinade nehmen und gut abtropfen lassen.

7 Das **Programm Geflügel** wählen und die Filets goldbraun grillen. Mit dem Couscous zusammen servieren.

TIPP

DARAUF ACHTEN, DASS NACH DEM MARINIEREN KEINE GEWÜRZRESTE AUF DEN FILETS BLEIBEN. WENN GEWÜRZE DURCH DIE GRILLHITZE VERBRENNEN, WERDEN SIE BITTER!

TIPP

DIE LAMM-KEBABS WERDEN
NOCH BESSER, WENN DIE
HACKMASSE VOR DEM GRILLEN
EINIGE STUNDEN DURCHZIEHEN
KANN – AM BESTEN ÜBER NACHT.

LAMM-KEBAB
MIT MAROKKANISCHEN KAROTTEN

4 Portionen
40 Min. Vorbereitungszeit +
6–8 Min. Grillzeit

Für die Karotten:
2 EL schwarzer Sesam
2 EL Mandeln
1 kg Bio-Karotten
3 EL Olivenöl
1 TL Kurkuma
Salz, nach Belieben
6 getrocknete Datteln
1 kleines Stück Chilischote
Saft von 2 Orangen
4 EL Ahornsirup
2 Stängel frische Minze

Für die Lamm-Kebabs:
2 EL frische Minze
50 g getrocknete Aprikosen
1 rote Chilischote
1 Zwiebel
1 Knoblauchzehe
500 g Lammhackfleisch
1 EL Kräuter der Provence,
getrocknet
1 TL Paprikapulver, edelsüß
1 TL Kreuzkümmel, gemahlen
1 TL Zitronenabrieb
Salz und Pfeffer, nach Belieben
2 TL Olivenöl

Außerdem:
8 Metallspieße

1 Zunächst für die marokkanischen Karotten den Sesam in einer Pfanne ohne Fett anrösten, bis er duftet. Dann den gerösteten Sesam in eine separate Schüssel umfüllen und beiseitestellen. Die Mandeln hacken und ebenfalls in einer Pfanne ohne Fett anrösten, bis sie duften, dann umfüllen und beiseitestellen. Die Karotten waschen, putzen und dickere Exemplare längs halbieren oder vierteln und ebenfalls beiseitestellen.

2 Für die Lamm-Kebabs die Minze waschen und fein hacken und die getrockneten Aprikosen in feine Würfel schneiden. Die Chilischote entkernen und fein hacken, die Zwiebel und den Knoblauch ebenfalls fein hacken. Zusammen mit dem Lammhackfleisch in eine Schüssel geben und mit den Kräutern der Provence, dem Paprikapulver, dem Kreuzkümmel, dem Zitronenabrieb und etwas Salz und Pfeffer vermengen und einige Minuten durchziehen lassen.

3 In der Zwischenzeit das Olivenöl für die Karotten in eine beschichtete Pfanne geben und kurz erhitzen, dann die Karotten hinzufügen und auf mittlerer Hitze ca. 10 Minuten andünsten. Gelegentlich wenden und falls

nötig die Temperatur reduzieren, damit sie nicht anbrennen. Anschließend mit etwas Kurkuma und Salz abschmecken.

4 Die Datteln in Streifen schneiden, die Chilischote entkernen und in Scheiben schneiden. Den Orangensaft, den Ahornsirup, die Dattelstreifen und die Chilischotenscheiben zu den Karotten hinzufügen und sämig einkochen lassen. Die Minzblätter hacken, unter das Karottengemisch rühren und kurz vor dem Servieren mit dem gerösteten schwarzen Sesam und den gerösteten Mandeln bestreuen.

5 Mit angefeuchteten Händen die durchgezogene Lammhackmasse in 8 Portionen teilen und um die Metallspieße herum zu länglichen Rollen formen, die etwa 12–15 cm lang sein können.

6 Anschließend die geformten Kebabs rundherum dünn mit dem Olivenöl bepinseln und die Spieße auf den OptiGrill legen, dabei den Deckel vorsichtig schließen, damit sie nicht zerdrückt werden. **Programm Burger** wählen und die Kebabs grillen, bis sie eine schöne hellbraune Farbe haben. Zusammen mit den marokkanischen Karotten servieren.

AFRIKA

SLATA MECHOUIA
TUNESISCHER SALAT MIT GEGRILLTEM GEMÜSE

4 Portionen
20 Min. Zubereitungszeit +
10–15 Min. Grillzeit

500 g Paprika, grüne und rote
100 g Chilischoten
500 g Tomaten
1 Zwiebel
Olivenöl
2 Knoblauchzehen
Salz
Pfeffer
2 TL Ras el Hanout
4 Eier, hartgekocht
½ Dose Thunfisch
Oliven, grüne und schwarze
Balsamicoessig, weiß

1 Die Paprikas und die Chili-schote waschen, halbieren und entkernen. Die Tomaten ebenfalls waschen, die Zwiebel schälen und beides halbieren.

2 Das Gemüse mit etwas Olivenöl bestreichen, dann auf dem OptiGrill verteilen und im **Programm Manuell** (Orange/220 ˚C) 10–15 Minuten anbraten. Das Gemüse sollte schön gebräunt sein.

3 Das gegrillte Gemüse nun mit einem Mixer grob pürieren, es sollten noch leichte Stück-chen vorhanden sein.

4 Nun den Knoblauch hacken. Dem gegrillten Gemüse Salz, Pfeffer, etwas Ras el Hanout und den Knoblauch hinzufügen und vermengen.

5 Die hartgekochten Eier vier-teln. Den Thunfisch, die Eier und die Oliven auf dem Gemüsebett anrichten. Zum Schluss noch mit etwas Olivenöl und ein wenig Balsamicoessig beträufeln.

TIPP

GERNE ALS VORSPEISE MIT FLADENBROT SERVIEREN ODER ALS BEILAGE ZU FLEISCHGERICHTEN.

SÜDAFRIKANISCHES RÖSTBROT
„ROOSTERKOEK"

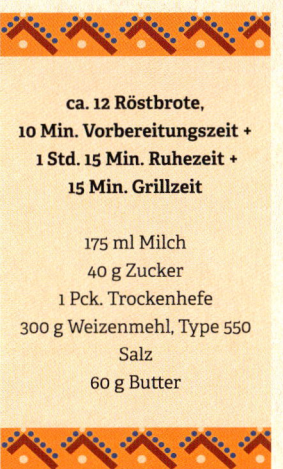

ca. 12 Röstbrote,
10 Min. Vorbereitungszeit +
1 Std. 15 Min. Ruhezeit +
15 Min. Grillzeit

175 ml Milch
40 g Zucker
1 Pck. Trockenhefe
300 g Weizenmehl, Type 550
Salz
60 g Butter

1 Zunächst etwas von der Milch mit dem Zucker und dem Hefepulver in eine Schüssel geben und beiseitestellen, bis die Mischung leicht schäumt.

2 Währenddessen das Mehl und das Salz in einer zweiten Schüssel vermischen und langsam die restliche Milch und die Butter hinzugießen. Die aufgeschäumte Hefe hinzufügen, mithilfe eines Handrührgeräts zu einem Teig vermengen und gut durchkneten. Eine weitere Schüssel leicht einfetten, den Teig hineingeben und die Schüssel mit einem feuchten Tuch abdecken. Den Teig ca. 1 Stunde zugedeckt ruhen lassen, bis sich der Umfang des Teigs verdoppelt hat.

3 Nach Ende der Gehzeit den Teig erneut gut mit der Hand durchkneten und 12 flache Brötchen aus der Teigmasse formen. Die geformten Teigrohlinge erneut 15 Minuten gehen lassen.

4 Das **Programm Sandwich** auswählen und die ersten Röstbrötchen auf den Grill legen. Solange grillen, bis die Röstbrötchen goldbraun und knusprig sind und beim Draufklopfen hohl klingen. Den Grillvorgang so lange wiederholen, bis alle Teigrohlinge gegrillt sind.

TOMATENSCHARFER BULGUR

MIT GEGRILLTER DORADE

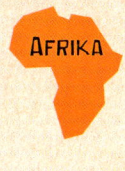
AFRIKA

4 Portionen
30 Min. Vorbereitungszeit +
15 Min. Grillzeit

Für den Bulgur:
300 g Bulgur
1 Zwiebel
3 Knoblauchzehen
400 g Cocktailtomaten
½ Bund Petersilie
6 EL Olivenöl
4 EL Kräuteressig
1 EL Sambal Oelek
4 EL Tomatenmark
Salz
Pfeffer

Für die Dorade:
2 Doraden
4 Knoblauchzehen
2 Zitronen
Salz
Pfeffer
Olivenöl
2 Zweige Thymian
2 Zweige Rosmarin
Petersilie, grob gehackt

ZUBEREITUNG DES BULGURS:

1 Zunächst den Bulgur nach Packungsanweisung zubereiten.

2 Währenddessen die Zwiebel und den Knoblauch klein schneiden. Die Cocktailtomaten waschen und vierteln. Die Petersilie kleinhacken.

3 Das Olivenöl in einer Pfanne erhitzen, Zwiebeln und Knoblauch glasig dünsten. Den Kräuteressig, das Sambal Oelek und das Tomatenmark verrühren und in die Pfanne geben.

4 Den Bulgur und die Cocktailtomaten ebenfalls in die Pfanne geben, verrühren und 1–2 Minuten andünsten.

5 Die Pfanne vom Herd nehmen und den Bulgur mit frischer Petersilie bestreuen.

ZUBEREITUNG DER DORADE:

1 Die Doraden abspülen und trockentupfen.

2 Den Knoblauch hacken, die Zitronen waschen und in Scheiben schneiden.

3 Die Doraden anschneiden und innen mit Olivenöl bestreichen, mit Salz und Pfeffer würzen und mit den Kräutern und Zitronenscheiben auskleiden. Auch von außen etwas einölen.

4 Die Doraden im **Programm Fisch** grillen. Anschließend die Doraden mit Bulgur servieren und mit etwas Zitronensaft und Petersilie garnieren.

ASIEN

22

ENTENBRUST-
ZITRONENGRAS-SPIEßE
MIT GEMÜSE

24

GEGRILLTER
TERIYAKI-LACHS
MIT GEMÜSE

26

RINDFLEISCH-SATÉ
MIT ERDNUSSSAUCE

28

ROASTED DIM SUM

30

SCHWEINEBAUCH
SÜSSSAUER MARINIERT

ASIEN

ENTENBRUST-ZITRONENGRAS-SPIESSE
MIT GEMÜSE

4 Portionen
10–15 Min. Vorbereitungs-
zeit + mind. 2 Std. Marinier-
zeit + 10 Minuten Grillzeit

350 g Entenbrustfilet
4 EL Orangensaft
2 EL Sojasauce
1 Knoblauchzehe, gepresst
1 TL Chiliflocken, alternativ
Sambal Oelek
½ TL Kreuzkümmel, gemahlen
1 TL Koriander, gemahlen
500 g Pak Choi
1 Schalotte
16 Pflaumen, getrocknet
8 Zitronengräser
1 EL Olivenöl
1 TL Currypulver
100 ml Sahne
Salz und Pfeffer,
nach Belieben

1 Das Fett von der Enten-
brust abschneiden, die Filets
anschließend trockentupfen
und in mundgerechte Würfel
schneiden. Die Würfel in der
Mitte etwa 1 cm einschneiden.

2 In einer großen Schüssel den
Orangensaft, die Sojasauce, den
Knoblauch, die Chiliflocken, den
Kreuzkümmel und ½ TL Korian-
der verrühren. Die Fleischstü-
cke hinzugeben und mit der
Sauce vermischen. Das Fleisch
abgedeckt mind. 2 Stunden im
Kühlschrank ruhen lassen.

3 In der Zwischenzeit den Pak
Choi putzen, mittig einmal längs
halbieren und die Hälften quer
in Streifen schneiden. Die Schalotte schälen und würfeln.

4 Nach dem Marinieren die
Pflaumen halbieren und die
Fleischstücke nach Belieben
zusammen mit den Pflaumen-
stücken auf die Zitronengras-
halme stecken. Die Entenbrust-
Zitronengras-Spieße auf dem
OptiGrill im **Programm Geflügel**
10–15 Minuten grillen.

5 Währenddessen in einer
Pfanne das Öl erhitzen und darin die Schalottenstücke glasig
dünsten. Die Pak Choi Streifen
hinzugeben und 2 Minuten
mitdünsten. Das Gemüse mit
dem Currypulver würzen und
mit der Sahne ablöschen. Die
Gemüsemischung mit Salz und
Pfeffer abschmecken und zu den
Entenbrust-Zitronengras-Spie-
ßen servieren.

TIPP

**DAZU GEDÄMPFTEN REIS
SERVIEREN!**

GEGRILLTER TERIYAKI-LACHS
MIT GEMÜSE

4 Portionen
8 Min. Vorbereitungszeit +
30 Min. Marinierzeit +
12–14 Min. Grillzeit

4 Lachsfilets
5 EL Teriyaki-Sauce
3 EL Sesamöl
1 EL Sesam
2 Zucchini
150 g Zuckerschoten
Salz und Pfeffer,
nach Belieben
1 EL Butter
2 EL Sojasauce
etwas Zitronensaft,
zum Beträufeln

1 Die Lachsfilets waschen und trockentupfen. Die Filets in einer Schüssel mit der Teriyaki-Sauce, dem Öl und dem Sesam vermischen. Zugedeckt im Kühlschrank ca. 30 Minuten ruhen lassen.

2 In der Zwischenzeit die Zucchini und die Zuckerschoten waschen und die Zucchini vom Strunk befreien. Zucchini in dünne Scheiben schneiden und auf dem OptiGrill im **Programm Manuell** 🌡 (gelb/180 ˚C) 6 Minuten grillen. Anschließend nach Belieben mit Salz und Pfeffer würzen und warmhalten.

3 In einer Pfanne die Butter schmelzen und darin die Zuckerschoten 5 Minuten von beiden Seiten anschwitzen. Diese mit Sojasauce ablöschen und nach Belieben mit Pfeffer würzen. Ebenfalls warmhalten.

4 Die Lachsfilets aus der Marinade nehmen und auf dem OptiGrill im **Programm Fisch** 🐟 6–8 Minuten grillen. Die Lachsfilets zum Servieren mit der restlichen Marinade und etwas Zitronensaft beträufeln und mit dem Gemüse anrichten.

RINDFLEISCH-SATÉ
MIT ERDNUSSSAUCE

4 Portionen
8 Min. Vorbereitungszeit +
2 Std. Marinierzeit +
5 Minuten Grillzeit

Für das Fleisch:
500 g Rinderfilet
2 Knoblauchzehen, gepresst
2 cm Ingwer, fein gerieben
1 EL brauner Zucker
2 EL Sojasauce
1 EL Limettensaft
1 EL Sesamöl
1 TL Koriander, gemahlen
1 TL Kurkuma
½ TL Chiliflocken

Für die Erdnusssauce:
1 Stück Ingwer, daumengroß
80 g Erdnussbutter
Saft von ½ Limette
1 Knoblauchzehe, gepresst
4 EL Sojasauce
2 EL Agavendicksaft
2 EL Kokosmilch

1 Das Fleisch abtupfen und in Würfel schneiden.

2 In einer großen Schüssel den Knoblauch, den Ingwer, den Zucker, die Sojasauce, den Limettensaft, das Sesamöl, den Koriander, das Kurkuma und die Chiliflocken verrühren und mit den Fleischwürfeln vermischen. Das Fleisch zugedeckt mindestens 2 Stunden im Kühlschrank ruhen lassen.

3 Für die Sauce den Ingwer fein reiben und in einer Schüssel mit der Erdnussbutter, dem Limettensaft, dem Knoblauch, der Sojasauce, dem Agavendicksaft und der Kokosmilch vermischen.

4 Die Fleischwürfel aus der Marinade nehmen und auf Spieße stecken. Die Spieße auf dem OptiGrill im **Programm Steak** nach Geschmack Medium oder Well-done grillen. Die Spieße vor dem Servieren mit Salz und Pfeffer würzen und mit der Erdnusssauce als Dip servieren.

TIPP

DAZU BASMATIREIS MIT ZITRONE SERVIEREN!

ROASTED DIM SUM

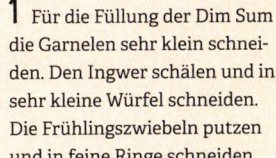

4 Portionen
10 Min. Vorbereitungszeit +
30 Minuten Marinierzeit +
8 Min. Grillzeit

Für die Füllung:
200 g TK-Garnelen, geschält,
vom Darm befreit, aufgetaut
10 g Ingwer, geschält
2 Frühlingszwiebel, geputzt
3 EL Sojasauce
2 EL Sesamöl
2 EL Fischsauce
1 Msp. Chiliflakes
1 TL Zucker
Saft von 1 Limette
1 Handvoll Koriander, frisch,
gehackt

Außerdem:
20 Wan-Tan-Teigblätter
3 EL neutrales Öl
2 EL Sesam
Sojasauce
süßsaure Sauce

Dampfgarer, Backpapier

1 Für die Füllung der Dim Sum die Garnelen sehr klein schneiden. Den Ingwer schälen und in sehr kleine Würfel schneiden. Die Frühlingszwiebeln putzen und in feine Ringe schneiden.

2 Alle drei Zutaten in einer Schüssel mit der Sojasauce, dem Sesamöl, der Fischsauce, den Chiliflakes, dem Zucker, dem Limettensaft und dem Koriander verrühren.

3 Die Wan-Tan-Blätter nebeneinander auf eine mit Mehl bestäubte Arbeitsfläche auslegen. Jeweils einen TL von der Garnelenmischung in die Mitte der Teigblätter platzieren und die Ränder mit Wasser bepinseln. Nun eine Ecke zur gegenüberliegenden Ecke klappen und die Seiten fest andrücken. Man kann alternativ auch Säckchen formen, aber zum Grillen eignen sich Halbmonde eher.

4 Die Einlegeschale eines Dampfgarers mit Backpapier auslegen und darin die Dim Sum 8 Minuten dampfgaren. Anschließend die Dim Sum mit Öl bepinseln und auf dem OptiGrill im **Programm Manuell** 🌡 (gelb/180 °C) 5 Minuten grillen.

5 Währenddessen den Sesam in einer beschichteten Pfanne auf mittlerer Hitze goldbraun rösten. Die gegrillten Dim Sum mit dem gerösteten Sesam, der Sojasauce und der süßsauren Sauce als Dipp servieren.

SCHWEINEBAUCH
SÜSSSAUER MARINIERT

4 Portionen
10 Min. Vorbereitungszeit +
2 Std. Marinierzeit +
2 Std. 10 Min. Kochzeit +
10 Minuten Grillzeit

Für den Glasnudelsalat:
200 g Glasnudeln
2 cm Ingwer, frisch
Saft von 1 Limette
4 EL Fischsauce
3 EL Sojasauce
1 EL brauner Zucker
¼ TL Chiliflocken, nach Belieben
1 rote Zwiebel
200 g Karotten
Koriander, frisch

Für den Schweinebauch:
1,2 kg Schweinebauch
3 Knoblauchzehen, geschält
2 cm Ingwer, frisch, geschält
½ Chilischote, rot, entkernt
1 l Wasser
1 EL Apfelessig
2 TL Honig
4 Frühlingszwiebeln, geputzt

Für die Marinade:
50 ml Sojasauce
30 ml Honig
1 TL Apfelessig
1 EL brauner Zucker
½ Chilischote, entkernt
1 Sternanis

1 Für den Glasnudelsalat die Glasnudeln in einer Schüssel mit kochendem Wasser bedecken und nach Packungsbeilage ruhen lassen. Anschließend die Nudeln absieben und in eine große Schüssel füllen.

2 Den Ingwer schälen und in feine Würfel schneiden. Die Ingwerwürfel in einer Schüssel mit dem Limettensaft, der Fischsauce, der Sojasauce, dem Zucker und den Chiliflocken vermischen und damit die Glasnudeln übergießen und verrühren.

3 Die Zwiebel und die Karotten schälen und die Zwiebel in dünne Streifen schneiden. Die Karotten mit einer groben Reibe raspeln und beide Zutaten mit den Glasnudeln vermischen. Den Koriander waschen, trockentupfen, fein hacken und ebenfalls unter den Glasnudelsalat mischen.

4 Den Schweinebauch von der Schwarte befreien und in gleich große mundgerechte Stücke schneiden. Den Knoblauch halbieren und den Ingwer und die Chilischote in dünne Scheiben schneiden.

5 Einen großen Topf mit 1 Liter kaltem Wasser befüllen und den Knoblauch, die Chili, den Ingwer, 1 EL Apfelessig und 2 TL Honig hinzugeben. Das Wasser aufkochen und den geschnittenen Schweinebauch dazugeben. Die Mischung erneut aufkochen und anschließend auf niedriger Hitze 2 Stunden reduzieren lassen.

6 Währenddessen für die Marinade die Sojasauce, den Honig, den Apfelessig und den Zucker in einer Schüssel vermischen. Die Chilischote fein hacken und anschließend mit dem Sternanis zu der Marinade dazugeben. Die Marinade ziehen lassen.

7 Nach dem Kochen den Schweinebauch aus der Brühe nehmen und rundherum mit der Marinade einpinseln. Die Fleischstücke auf dem OptiGrill im **Programm Manuell** 🌡 (Orange/ 210 °C) etwa 10 Minuten grillen. Zwischendurch die Fleischstücke gerne erneut mit der Marinade einpinseln.

8 Die Frühlingszwiebeln in dünne Ringe schneiden und vor dem Servieren zusammen mit dem Sesam über das Fleisch streuen. Dazu den Glasnudelsalat servieren.

Australien

34
Aussie-Burger
MIT ANANAS UND ROTER BETE

36
Australian Lamb Chops
MIT GEGRILLTEM KÜRBIS

38
Fish and Chips „Australian Style"
MIT GEGRILLTER AVOCADO

40
Jaffles-Sandwich
MIT CORNED BEEF

42
Gegrillter Lamington-Ananasspieß
MIT WARMER SCHOKOSAUCE & KOKOSRASPEL

AUSSIE-BURGER
MIT ANANAS UND ROTER BETE

4 Portionen
25 Min. Vorbereitungszeit +
ca. 12 Min. Grillzeit

2 rote Zwiebeln
2 vorgegarte Rote Beten
einige Spritzer Limettensaft
Salz
Pfeffer
4 Straußenfiletsteaks à 125 g
4 Burgerbuns
4 Ananasscheiben
etwas Olivenöl
etwas Honig
4 Scheiben Cheddar

Für die Avocado-
Mayonnaise:
1 Avocado
1 Knoblauchzehe
4 EL Mayonnaise
2 TL Limettensaft
Salz
Pfeffer

1 Für die Avocado-Mayonnaise die Avocado teilen, den Kern entfernen und das Fruchtfleisch mit einem Löffel herausheben. Die Knoblauchzehe schälen und hacken. Das Avocadofruchtfleisch in einer Schüssel mit einer Gabel zerdrücken und mit dem gehackten Knoblauch, der Mayonnaise, dem Limettensaft und etwas Salz und Pfeffer zu einer homogenen Mayonnaise vermischen. Zur Seite stellen.

2 Die roten Zwiebeln in Ringe schneiden. Die Roten Beten in Scheiben schneiden und mit ein paar Spritzern Limettensaft, Salz und Pfeffer würzen und kurz ziehen lassen.

3 Die Straußenfiletsteaks salzen und pfeffern. Das Fleisch im **Programm Steak** bis zum gewünschten Gargrad grillen. Nach dem Grillen noch offen 3 Minuten ruhen lassen und dabei mit dem Cheddar belegen.

4 Die Buns auf der Innenseite kurz auf einem Toaster oder in einer Pfanne anrösten.

5 Die Ananasscheiben mit Olivenöl bepinseln. Im **Programm Manuell** (Orange/210 ˚C) 4 Minuten grillen. Die Scheiben vom Grill nehmen und mit Honig beträufeln.

6 Die Burger belegen. Dafür etwas Avocado-Mayonnaise, jeweils 1 Straußenfiletsteak mit Cheddar, 1 Ananasscheibe, Rote-Bete-Scheiben, Zwiebelringe und wieder etwas Avocado-Mayonnaise übereinanderschichten.

TIPP

IN SYDNEY ISST MAN DAZU BANANENCHIPS, ABER AUCH SÜßKARTOFFELPOMMES SIND TOLLE BEGLEITER ZU DIESEM AUßERGEWÖHNLICHEN BURGER.

AUSTRALIAN LAMB CHOPS
MIT GEGRILLTEM KÜRBIS

2 Portionen
10 Min. Vorbereitungszeit +
ca. 15 Min. Grillzeit

4 Lammkoteletts à 100 g

Für die Lamm-Marinade:
1 EL frische Petersilie
je 2 Zweige Rosmarin und
Thymian, Blättchen
abgezupft
2 EL Olivenöl
½ TL Senf
Saft von 1 Bio-Zitrone
2 Knoblauchzehen, gehackt

Für den gegrillten Kürbis:
1 Hokkaido-Kürbis

Für die Kürbis-Marinade:
4 EL Olivenöl
2 EL Balsamico-Essig
2 EL Apfelsaft
½ TL Salz
½ TL Pfeffer

1 Für die Marinade der Lamm-koteletts die Kräuter hacken und mit dem Olivenöl, dem Senf, dem Zitronensaft und dem gehackten Knoblauch vermischen. Die Lammkoteletts mit der Marina-de einstreichen.

2 Die Lammkoteletts anschlie-ßend im **Programm Lamm** bis zum gewünschten Gargrad grillen. Alternativ das **Pro-gramm Steak** verwenden. Die Lammkoteletts vom Grill nehmen und mit Alufolie abge-deckt 5 Minuten ruhen lassen.

3 Den Kürbis halbieren, entkernen und in Spalten schneiden.

4 Für die Kürbis-Marinade das Olivenöl, den Balsamico-Essig, den Apfelsaft, das Salz und den Pfeffer verrühren und die Kür-bisspalten damit einstreichen.

5 Den Kürbis im **Programm Manuell** (Orange/210 °C) 10 Minuten grillen.

6 Die Lammkoteletts mit den Kürbisspalten servieren. Dazu passend noch Kräuter-butter reichen.

FISH AND CHIPS „AUSTRALIAN STYLE"

MIT GEGRILLTER AVOCADO

4 Portionen
15 Min. Vorbereitungszeit +
20 Min. Grillzeit

400 g TK-Süßkartoffelpommes
600 g Kabeljaufilet
5 EL Mehl
Salz
Pfeffer
2 Avocados
Öl

1 Die Süßkartoffelpommes nach Packungsanweisung zubereiten.

2 Das Kabeljaufilet waschen, trockentupfen und in 4 Portionen teilen. Das Mehl in einen tiefen Teller geben. Die Fischfilets salzen und pfeffern und im Mehl wenden. Überschüssiges Mehl abklopfen.

3 Die Avocados teilen und entkernen. Dann das Fruchtfleisch vorsichtig mit einem Löffel herausheben und anschließend in Spalten schneiden.

4 Einen Streifen Backpapier auf den OptiGrill legen und mit Öl bepinseln. Den Fisch und die Avocadospalten auf das Backpapier geben und im **Programm Fisch** 🐟 10 Minuten grillen.

5 Den Fisch mit Pommes und Avocadospalten servieren.

JAFFLES-SANDWICH
MIT CORNED BEEF

4 Portionen
5 Min. Vorbereitungszeit +
10 Min. Grillzeit

8 Scheiben Sandwichtoast
4 EL Dijon-Senf
8 Scheiben Corned Beef
8 Scheiben Sandwichgurken
4 Scheiben Cheddar

1 Alle 8 Scheiben Sandwichtoast mit dem Senf bestreichen.

2 Die unteren Hälften jeweils
mit 2 Scheiben Corned Beef,
2 Scheiben Sandwichgurken und
1 Scheibe Cheddar belegen und
die obere Toastscheibe auflegen.

3 **Programm Sandwich**
auswählen und die Sandwiches
ca. 10 Minuten knusprig grillen.
Anschließend servieren.

GEGRILLTER LAMINGTON-ANANASSPIEß

MIT WARMER SCHOKOSAUCE & KOKOSRASPEL

6 Portionen
30 Min. Vorbereitungszeit +
25 Min. Backzeit + Kühlzeit +
2 Min. Grillzeit

1 große, reife Ananas
90 g brauner Zucker
100 g Kokosraspel

Für die Lamingtons:
3 Eier, Größe M
100 g Zucker
1 Pck. Vanillezucker
1 TL Butter
3 TL heißes Wasser
130 g Weizenmehl, Type 405
1 TL Speisestärke

Für die warme Schokosauce:
100 g Zartbitterschokolade
120 g Sahne
1 EL Vanillezucker

1 Für die Lamingtons den Backofen auf 180 °C Ober-/Unterhitze vorheizen. Eine Brownie-Backform (24 x 24 cm) mit Backpapier auslegen.

2 Die Eier trennen. Das Eiweiß steif schlagen, dabei nach und nach 100 g Zucker dazugeben. Solange schlagen, bis das Eiweiß steif ist und der Zucker sich aufgelöst hat.

3 Die Eigelbe und den Vanillezucker vorsichtig unterrühren. Die Butter mit dem Wasser verrühren und das Mehl mit der Speisestärke. Erst die Mehl-Mischung vorsichtig unterheben, dann die Butter. Insgesamt nicht zu lange rühren, damit der Teig fluffig bleibt.

4 Den Teig in die vorbereitete Backform geben und im vorgeheizten Ofen 25 Minuten backen. Anschließend aus dem Ofen nehmen und vollständig auskühlen lassen.

5 Den ausgekühlten Kuchen in 3 x 3 cm große Würfel schneiden.

6 Für die Schokosauce die Schokolade hacken und die Sahne erhitzen. Die Schokolade und den Zucker in die heiße Sahne rühren und so lange verrühren, bis sich die Schokolade vollständig aufgelöst hat und eine sämige Sauce entstanden ist.

7 Schale und Strunk der Ananas entfernen. Das Fruchtfleisch in Würfel schneiden. Die Ananaswürfel im braunen Zucker wälzen.

8 Abwechselnd Ananaswürfel und Kuchenwürfel auf die Spieße stecken. Die Spieße 2 Minuten im **Programm Steak** grillen.

9 Die Spieße auf Tellern anrichten, mit Schokosauce beträufeln und Kokosraspel darüberstreuen.

TIPP

DER KUCHEN LÄSST SICH AM EINFACHSTEN IN WÜRFEL SCHNEIDEN, WENN ER SCHON 1 TAG VORHER GEBACKEN UND ÜBER NACHT IN FRISCHHALTEFOLIE GEWICKELT IM KÜHLSCHRANK GELAGERT WIRD.

EUROPA

46
GEGRILLTER TINTENFISCH „DUBROVNIK"
MIT DJUVEC-REIS

48
GRIGLIATA
MEDITERRANE FISCHPLATTE MIT FENCHELGRATIN

50
GYROS
MIT ZAZIKI IM PITABROT

52
SUCUK-SANDWICH

54
TAPAS A LA PLANCHA - SPANISCHE VORSPEISEN
GEGRILLTE DATTELN IM SPECKMANTEL,
PIMIENTOS DE PADRÓN

GEGRILLTER
TINTENFISCH „DUBROVNIK"
MIT DJUVEC-REIS

4 Portionen
10 Min. Vorbereitungszeit +
25 Min. Kochzeit +
10 Min. Grillzeit

Für den Reis:
2 Knoblauchzehen
2 mittelgroße Gemüsezwiebeln
2 rote Paprika
2 große Tomaten
3 EL Olivenöl
1 ½ EL Paprikapulver, nach
Belieben scharf oder edelsüß
4 EL Tomatenmark
300 g weißer Langkornreis
100 ml Weißwein
150 g Ajvar
500 ml Gemüsebrühe
Salz
Pfeffer

Für den Tintenfisch:
500 g Tintenfischtuben, küchen-
fertig, wenn TK aufgetaut
3 EL Olivenöl
3 EL Zitronensaft
1 Knoblauchzehe, gepresst
1 Msp. Chiliflocken
Salz
Pfeffer
1 EL frische Petersilie, gehackt

1 Für den Reis den Knoblauch und die Zwiebeln schälen. Die Paprika entkernen und die Tomaten vom Strunk befreien. Alles fein würfeln.

2 Das Öl in einer großen Pfanne erhitzen und darin die Gemüsewürfel mit dem Paprikapulver gewürzt goldbraun braten.

3 Das Tomatenmark unterrühren und weitere 1–2 Minuten weiterbraten.

4 Nun auch den Reis hinzugeben und 5 Minuten anschwitzen. Die Mischung mit Weißwein ablöschen und mit Ajvar würzen.

5 Die Gemüsebrühe dazugeben, den Reis mit Salz und Pfeffer abschmecken und zugedeckt ca. 20 Minuten köcheln lassen. Dabei gelegentlich umrühren. **Tipp:** Wer grüne Erbsen mag, rührt 10 Minuten vor Ende der Garzeit 150 g TK-Erbsen unter.

6 Währenddessen die Tintenfischtuben waschen und trockentupfen.

7 In einer Schüssel das Olivenöl, den Zitronensaft, den Knoblauch und die Chiliflocken verrühren und damit die Tintenfischtuben von innen und außen einreiben.

8 Den Tintenfisch auf dem OptiGrill im **Programm Meeresfrüchte** 10 Minuten grillen und mit Salz und Pfeffer würzen. Alternativ das **Programm Fisch** auswählen. Gegebenenfalls bis zum Servieren warmhalten.

9 Den Reis mit dem Tintenfisch servieren und etwas gehackte Petersilie drüberstreuen.

TIPP

AUS DER GRIGLIATA LASSEN SICH
WUNDERBARE SPIESSE MACHEN,
DIE MIT ETWAS ZITRONENPFEF-
FER BESONDERS GUT SCHMECKEN!

GRIGLIATA

MEDITERRANE FISCHPLATTE MIT FENCHELGRATIN

2 Portionen
10 Min. Vorbereitungszeit +
15 Min. Backzeit +
18 Min. Grillzeit

Für das Gratin:
2 junge Fenchelknollen
2 Strauchtomaten
1 Kugel Mozzarella
1 Knoblauchzehe, gepresst
2 EL Olivenöl
Salz
Pfeffer
Abrieb von ½ Bio-Zitrone
50 g weiche Butter +
etwas für die Form
2 EL Semmelbrösel
2 EL frisch geriebener Parmesan
1 TL Oregano

Für die Grigliata:
1 Seeteufelfilet, halbiert
1 Lachsfilet, halbiert
3 EL Olivenöl
1 Knoblauchzehe, gepresst
½ TL Rosmarin
Saft von einer ½ Zitrone
1 Handvoll Petersilie, frisch,
gehackt
Salz
Pfeffer
Chiliflocken
8 Garnelen

1 Die geputzten Fenchelknollen längs vierteln und auf dem OptiGrill im **Programm Manuell** (Orange/220 ˚C) 8 Minuten bissfest grillen.

2 Währenddessen die Tomaten häuten. Dafür diese mit kochendem Wasser überbrühen und abschrecken. Die gehäuteten Tomaten und den Mozzarella klein würfeln und in einer Schüssel mit dem Knoblauch und dem Olivenöl vermischen.

3 Den Backofen auf 200 ˚C Ober-/Unterhitze (Umluft 180 ˚C) vorheizen und eine Auflaufform mit Butter bestreichen.

4 Den gegrillten Fenchel in die Auflaufform legen und mit Salz und Pfeffer würzen. Die Tomaten-Mozzarella-Mischung gleichmäßig über den Fenchel verteilen.

5 Den Zitronenabrieb mit der Butter, den Semmelbröseln, dem Parmesan und dem Oregano vermischen und in Flöckchen über das Gratin verteilen. Das Gratin im vorgeheizten Backofen 15 Minuten backen.

6 In der Zwischenzeit die Fischfilets jeweils halbieren.

7 Für die Sauce in einer Schüssel das Olivenöl, den Knoblauch, den Rosmarin, den Zitronensaft, die Petersilie, etwas Salz, Pfeffer und Chiliflocken vermischen. Die Fischfiletstücke und die Garnelen hinzugeben und mit der Sauce vermischen. **Tipp:** Falls genügend Zeit vorhanden ist, die Dorade und die Garnelen ruhig einige Stunden marinieren lassen.

8 Die Fischfiletstücke auf dem OptiGrill im **Programm Fisch** 10 Minuten grillen und warmhalten. Die Grillzeit der Größe der Filetstücke entsprechend anpassen und gegebenenfalls verlängern. Danach die Gambas auf dem OptiGrill im **Programm Meeresfrüchte** 3 Minuten grillen (alternativ das **Programm Fisch** verwenden) und zusammen mit den gegrillten Fischfiletstücken zum Fenchelgratin servieren.

TIPP

FALLS SAUCE FÜR DEN FISCH ÜBRIGGEBLIEBEN IST, DIESE VOR DEM SERVIEREN ÜBER DEN FISCH UND DIE GARNELEN TRÄUFELN.

GYROS

MIT ZAZIKI IM PITABROT

4 Portionen
10 Min. Vorbereitungszeit +
30 Minuten Marinierzeit +
14 Min. Grillzeit

Für das Zaziki:
1 Gurke
2 Knoblauchzehen, gepresst
500 g Griechischer Joghurt
1 Handvoll frischer Dill, gehackt
Salz
Pfeffer
1 TL Zitronensaft
1 TL weißer Balsamico
1 EL Olivenöl

Für das Gyros:
1 Gemüsezwiebel
600 g Schweineschnitzel
100 ml Olivenöl
2 Knoblauchzehen, gepresst
3 TL Paprikapulver, edelsüß
2 TL Oregano
2 TL Thymian
1 TL Salz
½ TL Kreuzkümmel, gemahlen
Pfeffer
1 TL Senf, mittelscharf
4 Pitabrote

1 Für das Zaziki die Gurke schälen, halbieren, mithilfe eines Löffels entkernen und mit einer groben Reibe raspeln oder in kleine Stücke schneiden.

2 Den Knoblauch, den Joghurt, den Dill, etwas Salz und Pfeffer, den Zitronensaft, den Balsamico und das Öl gut vermischen und mit den Gurkenraspeln vermengen. Zaziki im Kühlschrank kaltstellen.

3 Für das Gyros die Zwiebel schälen und zusammen mit dem Fleisch in Streifen schneiden.

4 In einer großen Schüssel alle restlichen Zutaten, bis auf das Pitabrot, miteinander vermengen. Das Fleisch und die Zwiebeln hinzugeben, erneut gut vermischen und zugedeckt mindestens 30 Minuten ruhen lassen.

5 Die Pitabrote bis zur Hälfte aufschneiden und auf dem OptiGrill im **Programm Sandwich** 4 Minuten knusprig antoasten.

6 Anschließend die Fleischstreifen auf den Grill legen und im **Programm Schwein** 10 Minuten grillen. Je nach Dicke der Streifen die Grillzeit gegebenenfalls verlängern. Das gegrillte Fleisch auf die 4 Brotteile verteilen und mit einem Klecks Zaziki obenauf servieren.

TIPP

BESONDERS LECKER WIRD DAS BROT MIT ZUSÄTZLICHEM KRAUTSALAT UND SCHAFSKÄSE.

SUCUK-SANDWICH

4 Portionen
5 Min. Vorbereitungszeit +
8 Min. Grillzeit

1 türkisches Fladenbrot
4 TL Butter, alternativ Olivenöl
1 rote Zwiebel, alternativ
Röstzwiebeln
2–3 Sucuk-Würste, mild
Hamburgersauce, alternativ
Tomatenmark oder Mayonnaise
Optional: 4 Scheiben Kasar
Peyniri, alternativ Gouda

1 Das Fladenbrot vierteln und aufschneiden. Beide Innenseiten mit Butter oder Olivenöl bestreichen.

2 Die Zwiebel schälen, in dünne Scheiben schneiden und damit die Sandwiche belegen.

3 Die Sucuk von der Pelle befreien, längs halbieren und auf dem OptiGrill im **Programm Wurst** 🌭 5 Minuten grillen. Die gegrillten Sucuk in Scheiben schneiden und auf die Sandwiche verteilen.

4 Den oberen Deckel auf der Innenseite mit Hamburgersauce bestreichen.

5 Das Sandwich auf dem Opti-Grill im **Programm Sandwich** 🥪 8 Minuten knusprig grillen.

TIPP

MIT KÄSE SCHMECKT ES
BESONDERS GUT!

TAPAS A LA PLANCHA - SPANISCHE VORSPEISEN

GEGRILLTE DATTELN IM SPECKMANTEL, PIMIENTOS DE PADRÓN

2 Portionen
5 Min. Vorbereitungszeit +
15 Min. Grillzeit

8 Datteln, entkernt
8 Baconscheiben
300 g Pimientos de Padrón,
alternativ kleine
Paprikaschoten
2 EL Olivenöl
Fleur de Sel, nach Belieben

Außerdem:
8 Zahnstocher

1 Die Datteln mit den Bacon-scheiben umwickeln und diese mit Zahnstochern fixieren.

2 Die Pimientos waschen, trockentupfen und rundherum mit Olivenöl einreiben.

3 Die Datteln im **Programm Manuell** 🌡 (Orange/220 °C) oder im **Programm Bacon** 4 Minuten knusprig grillen und anschließend warmhalten.

4 Die Pimientos im **Programm Manuell** 🌡 (Orange/220 °C) oder im **Programm Paprika** 🫑 nach gewünschter Bissfestigkeit ca. 5 Minuten grillen und anschließend mit Fleur de Sel bestreut servieren.

TIPP

WER MAG KANN AUCH GETROCKNETE PFLAUMEN ANSTATT DATTELN VERWENDEN.

Nordamerika

58

Flanksteak
IN WHISKY-MARINADE

60

Grilled Shrimps
„CAJUN-STYLE"

62

Hähnchenbrust
IN AHORNSIRUP-CHILI-MARINADE

64

Pulled Pork Burger

66

Roasted Turkey
TRUTHAHNBRUST GEGRILLT MIT
OFENKARTOFFELN UND CRANBERRY-DIP

FLANKSTEAK
IN WHISKY-MARINADE

2 Portionen
10 Min. Vorbereitungszeit +
12–24 Std. Marinierzeit +
15 Min. Grillzeit

1 Flanksteak à ca. 700 g
1 Knoblauchzehe
50 ml Whisky
1 EL süßer Senf
50 ml Pflanzenöl
2 TL grobes Meersalz
½ TL schwarzer Pfeffer, frisch
gemahlen
2 EL zerlassene Butter

1 Das Flanksteak abtupfen, parieren und von beiden Seiten mehrmals 3 mm tief einschneiden.

2 Den Knoblauch pressen. Zusammen mit dem Whisky, dem Senf, dem Öl, dem Salz und dem Pfeffer verrühren.

3 Das Steak in einen verschließbaren Beutel geben und die Marinade über das Fleisch gießen. Den verschlossenen Beutel vorsichtig durchkneten, damit sich die Marinade gut um das Fleisch verteilt. Das Steak über Nacht oder bis zu 24 Stunden im Kühlschrank marinieren.

4 Das Fleisch anschließend aus der Marinade nehmen und leicht abtupfen. Im **Programm Steak** zunächst 7 Minuten saftig grillen. Dann mit etwas zerlassener Butter einpinseln. Das Steak für weitere 7 Minuten grillen.

5 Das Flanksteak vor dem Servieren 5 Minuten ruhen lassen.

TIPP

ALS BEILAGE PASSEN
KARTOFFELWEDGES OPTIMAL.

NORD-
AMERIKA

GRILLED SHRIMPS
„CAJUN-STYLE"

4 Portionen
5 Min. Vorbereitungszeit +
20 Min. Grillzeit

450 g Shrimps

Für die Gewürzmischung:
2 TL geräuchertes Paprikapulver
1 TL getrockneter Thymian
¼ TL Salz
¼ TL Knoblauchpulver
¼ TL Zwiebelpulver
⅛ TL Cayennepfeffer
2 TL Olivenöl

1 Falls nicht bereits verzehrfertig gekauft, die Shrimps schälen und entdarmen.

2 Alle Zutaten der Gewürzmischung vermengen und mit den Shrimps in einer Schüssel gründlich vermischen.

3 Die Shrimps im **Programm Meeresfrüchte** 20 Minuten grillen. Alternativ das **Programm Fisch** wählen.

4 Die Shrimps mit geröstetem Weißbrot und einem frischen Salat servieren.

TIPP

MAN KANN DIE MARINADE AUCH SEHR GUT
FÜR HÄHNCHENFLÜGEL VERWENDEN.

NORD-AMERIKA

HÄHNCHENBRUST
IN AHORNSIRUP-CHILI-MARINADE

4 Portionen
10 Min. Vorbereitungszeit +
1 Std. Marinierzeit +
15 Min. Grillzeit

4 Hähnchenbrustfilets à 150 g
4 EL Ahornsirup

Für die Marinade:
1 kleine Chilischote
3 EL Ketchup
2 EL Tomatenmark
4 EL Sojasauce
½ EL scharfer Senf
5 EL neutrales Pflanzenöl
Pfeffer, frisch gemahlen

1 Die Chilischote entkernen und hacken. Anschließend mit dem Ketchup, dem Tomatenmark, der Sojasauce, dem Senf, dem Öl und dem Pfeffer verrühren. Die Marinade mit den Hähnchenbrustfilets zum Marinieren in einen verschließbaren Beutel geben. Einmal gut durchkneten, damit sich die Marinade gut verteilt. Mindestens 1 Stunde im Kühlschrank marinieren lassen.

2 Die Hähnchenbrüste aus der Marinade nehmen, abtropfen lassen und im **Programm Geflügel** 10 Minuten grillen. Die übrige Marinade mit dem Ahornsirup verrühren und die Hähnchenbrüste damit bestreichen. Weitere 5 Minuten im **Programm Geflügel** knusprig grillen.

TIPP

EINE SCHMACKHAFTE AMERIKANISCHE BEILAGE SIND GEGRILLTE MAISKOLBEN. 4 MAISKOLBEN PUTZEN, MIT OLIVENÖL ODER AUCH KRÄUTERBUTTER EINPINSELN, IM MANUELLEN MODUS, WENN DIE FARBE ROT ERREICHT IST, 10 MINUTEN VON ALLEN SEITEN GRILLEN.

PULLED PORK BURGER

8 Portionen
10 Min. Vorbereitungszeit +
12 Std. Marinierzeit +
mind. 5 Std. Backzeit +
10 Min. Grillzeit

2 kg Schweinenacken
od. Schweineschulter
ohne Knochen
neutrales Pflanzenöl
BBQ-Sauce zum Vermengen

Für die Gewürzmischung:
3 EL Paprikapulver, edelsüß
3 EL Paprikapulver, geräuchert
2 EL brauner Zucker
2 EL Salz
1 EL Cayennepfeffer
2 EL Pfeffer
2 EL Kreuzkümmel

Für die Injektionsmarinade:
100 ml Apfelsaft
200 ml Wasser
2 EL Gewürzmischung
1 TL Sojasauce

1 Die Zutaten für die Gewürzmischung vermengen. 2 EL für den nächsten Tag aufbewahren. Das Fleisch mit Öl und dann mit der Gewürzmischung einreiben. Das Fleisch in Frischhaltefolie wickeln und über Nacht in den Kühlschrank stellen.

2 Am nächsten Tag den Backofen auf 130 °C Ober-/Unterhitze vorheizen.

3 Für die Marinade den Apfelsaft, das Wasser, die 2 EL Gewürzmischung und die Sojasauce vermischen. Die Mischung in eine Marinierspritze geben und die Marinade über das gesamte Fleisch verteilt an mehreren Stellen einspritzen.

4 Das Fleisch auf ein Backofengitter legen und in den Ofen geben. Darunter eine hitzebeständige Schüssel platzieren, um den Bratensaft aufzufangen. Die Kerntemperatur des Fleisches mit einem Bratenthermometer kontrollieren. Das Fleisch ist gar, wenn es eine Kerntemperatur von 90 °C erreicht hat. Das dauert mindestens 5 Stunden. Die Garzeit hängt von der Fleischgröße ab. Die Ofentür sollte beim Garen nicht geöffnet werden, damit der Ofen keine Temperatur verliert.

5 Hat das Fleisch die richtige Temperatur erreicht, den Ofen ausschalten und das Fleisch für eine weitere Stunde im ausgeschalteten Ofen ruhen lassen.

6 Das Fleisch mit 2 Gabeln zerzupfen und auf dem OptiGrill im **Programm Steak** 🌀 10 Minuten grillen.

7 Das Pulled Pork mit dem aufgefangenen Fleischsaft und der BBQ-Sauce vermengen und z. B. in einem Sandwich oder als Burger servieren.

ROASTED TURKEY

TRUTHAHNBRUST GEGRILLT MIT OFENKARTOFFELN UND CRANBERRY-DIP

NORD-AMERIKA

4 Portionen
15 Min. Vorbereitungszeit +
12 Std. Marinierzeit +
Einweichzeit +
50–60 Min. Backzeit +
15 Min. Grillzeit

1 kg Truthahnbruststücke

Für die Marinade:
6 EL neutrales Pflanzenöl
6 EL Olivenöl
6 Basilikumblätter, gehackt
1 TL Petersilie, gehackt
Pfeffer
Salz
3 zerstoßene Gewürznelken

Für die Ofenkartoffeln:
4 große Kartoffeln, mehlig-
kochend, à ca. 180 g
2 EL Olivenöl

Für den Cranberry-Dip:
50 g Cranberrys, getrocknet
100 g Frischkäse
100 g Griechischer Joghurt
1 TL Honig
Salz
Pfeffer

1 Für die Marinade die beiden Öle, die Basilikum- und Petersilienblätter, etwas Pfeffer und Salz und die zerstoßenen Gewürznelken verrühren. Die Truthahnbruststücke in einen verschließbaren Beutel geben, die Marinade zugeben und den Beutel verschließen. Einmal durchkneten, damit sich die Marinade gut verteilt. Das Fleisch über Nacht in der Marinade ziehen lassen.

2 Die Cranberrys in warmem Wasser einige Stunden einweichen lassen.

3 Für die Ofenkartoffeln den Backofen auf 180 ˚C Umluft vorheizen.

4 Die Kartoffeln gründlich waschen und trocknen. Ein Backblech mit Backpapier belegen, die Kartoffeln auf dem Blech verteilen und mit Öl einreiben.

5 Die Kartoffeln im vorgeheizten Ofen 50–60 Minuten backen. Nach 50 Minuten mit einer Gabel in die Kartoffeln piksen und prüfen, ob sie gar sind. Ansonsten die Backzeit verlängern.

6 Die Truthahnbruststücke aus der Marinade nehmen, abtropfen lassen und im **Programm Geflügel** 15 Minuten grillen.

7 Für den Cranberry-Dip die eingeweichten Cranberrys abtropfen lassen und pürieren. Mit dem Frischkäse, dem Joghurt und dem Honig verrühren und den Dip mit Salz und Pfeffer abschmecken.

8 Die gegrillten Truthahnbruststücke mit Ofenkartoffel und Dip servieren.

TIPP

AUCH AUFGESCHNITTENE, HALBE BACKOFENKAR-
TOFFELN KANN MAN HERVORRAGEND IM OPTIGRILL
„PIMPEN" UND SCHÖN KNUSPRIG GRILLEN.

SÜDAMERIKA

70
PERUANISCHE FORELLEN-CEVICHE
MIT ENSALADA DE PALLARES

72
PROVOLONE GEGRILLT
MIT HUEVOS TONTOS

74
RINDERFILET VOM GRILL
MIT CHIMICHURRI-SAUCE

76
TAMARINDEN HÄHNCHENSPIEßE
MIT TOMATEN-AVOCADO-SALSA UND PAPAS A LA HUANCAÍNA

78
TORTILLAS
MIT ZIEGENKÄSE, MANGO UND GUACAMOLE

PERUANISCHE FORELLEN-CEVICHE
MIT ENSALADA DE PALLARES

SÜD-AMERIKA

4 Portionen
24 Std. Einweichzeit +
1 Std. Kochzeit + 30 Min.
Ziehzeit + ca. 5 Min. Grillzeit

Für das Ceviche:
½ rote Zwiebel
4 Forellenfilets
25 g Butter
Meersalzflocken

Für die Ceviche-Marinade:
250 ml Fischfond
1 große Stange Sellerie
1 Zwiebel
2 cm geschälter Ingwer
Chili, nach Belieben
1 Prise Salz
1 Knoblauchzehe
50 g Eiswürfel
6 Stiele frischer Koriander

**Für den Ensalada de Pallares
(Limabohnensalat):**
250 g große Limabohnen,
getrocknet
1 große Zwiebel
1 Tomate
100 ml Olivenöl
1 EL Essig
Saft von 2 Limetten
Salz
Pfeffer
5 Stiele Petersilie

1 Zuerst wird der Salat zubereitet. Dafür müssen die Bohnen über Nacht in einer Schüssel einweichen. Die Bohnen müssen dabei ganz mit Wasser bedeckt sein und das Wasser muss noch mindestens 4 cm über den Bohnen stehen.

2 Am nächsten Tag das Wasser abgießen und die Bohnen gut abspülen. Diese anschließend in einen Topf mit frischem Wasser und 2 TL Salz geben und einmal kurz aufkochen lassen. Dann die Temperatur senken und 1 Stunde sanft köcheln lassen. Garzeit ggf. verlängern, die Bohnen sollten bissfest aber zart sein.

3 Bohnen abtropfen und abkühlen lassen. Die Zwiebel in dünne Streifen schneiden, die Tomate würfeln.

4 Das Olivenöl, den Essig und den Limettensaft verquirlen. Mit Salz und Pfeffer abschmecken.

5 Alle Salatzutaten miteinander vermischen und den Salat mindestens 30 Minuten durchziehen lassen. Vor dem Servieren mit der Petersilie dekorieren.

6 Jetzt kann die Ceviche Marinade zubereitet werden. Dafür das Gemüse kleinschneiden und mit den restlichen Zutaten in einem Standmixer pürieren. Nach Bedarf mit etwas frisch gepresstem Limettensaft und Salz abschmecken.

7 Für das Ceviche die Zwiebel in kleine Ringe schneiden und in Eiswasser einlegen. Anschließend auf dem OptiGrill das **Programm Fisch** 🐟 auswählen und die Filets grillen. Der Fisch sollte nur ganz kurz angegrillt werden, so dass er im Kern noch roh ist. Das kann schnell gehen, ist aber für den Geschmack sehr wichtig. Anschließend die Forellenfilets mit etwas Butter bestreichen und mit Salzflocken bestreuen. Mit einem scharfen Messer die Filets von der Haut befreien und in Streifen schneiden. Die Fischstreifen mit der Marinade begießen und etwa 5 Minuten ziehen lassen.

8 Zum Servieren ein Bohnensalatbett anrichten, darauf die Fischfiletstreifen platzieren und mit den Zwiebelringen dekorieren.

PROVOLONE GEGRILLT
MIT HUEVOS TONTOS

4 Portionen
10 Min. Vorbereitungszeit +
15 Min. Einweichzeit +
2–3 Min. Grillzeit

Für den Provolone:
450 g Provolone, alternativ
Grillkäse
1 TL Chiliflocken
1 TL Rosmarin, getrocknet
2 EL Olivenöl

Für die Huevos tontos:
400 g altbackenes Weißbrot
2 Knoblauchzehen
2 Eier, Größe M
2 EL frische Petersilie, gehackt
Salz
Pfeffer
Öl

1 Für die Huevos tontos das Brot grob würfeln und für 15 Minuten in etwas Wasser einweichen. Das Brot soll dabei weich, aber nicht matschig werden.

2 Die Knoblauchzehen hacken.

3 Das eingeweichte Brot ausdrücken und mit dem Knoblauch, den Eiern und der Petersilie zu einer homogenen Masse vermengen. Mit Salz und Pfeffer würzen.

4 Dann den Provolone in 1 cm dicke Scheiben schneiden. Die Chiliflocken, den Rosmarin und das Olivenöl in einem Schälchen verrühren. Die Käsescheiben mit dem Kräutermix bestreichen.

5 Einen Backpapierstreifen auf den OptiGrill legen und mit Öl einstreichen. Mit einem Esslöffel kleine Plätzchen aus dem Brotteig formen und auf das Backpapier geben. Die Käsetaler mit auf den Grill geben und die Zutaten mit Backpapier abdecken. Beides im **Programm Manuell** (Orange/210 °C) ca. 2–3 Minuten grillen.

6 Provolone mit Huevos tontos servieren.

RINDERFILET VOM GRILL

MIT CHIMICHURRI-SAUCE

4 Portionen
10 Min. Vorbereitungszeit +
1 Std. Marinierzeit +
ca. 4 Min. Grillzeit

Für das Rinderfilet:
4 Rinderfiletsteaks à 200 g
2 TL Rotweinessig
2 TL Olivenöl
Salz
Pfeffer

Für die Chimichurri-Sauce:
2 Bd. glatte Petersilie
1 rote Zwiebel
2 Knoblauchzehen
Saft von ½ Limette
ca. 100 ml Olivenöl
Salz
Pfeffer
2 TL Thymian, getrocknet
2 TL Oregano, getrocknet
1 Lorbeerblatt

1 Die Rinderfilets waschen und trockentupfen. Den Rotweinessig und das Olivenöl mit etwas Salz und Pfeffer verrühren. Die Rinderfiletsteaks in einen verschließbaren Behälter geben und mit der Marinade übergießen. Die Steaks für 1 Stunde (oder länger) in der Marinade ziehen lassen.

2 In der Zwischenzeit kann die Chimichurri-Sauce zubereitet werden. Dafür die Petersilie, die Zwiebel und den Knoblauch ganz fein hacken. Die Zutaten mit dem Limettensaft in einen Mörser geben und zerdrücken.

3 Anschließend so viel Olivenöl dazugeben, dass eine dickflüssige Paste entsteht, ca. 100 ml. Mit etwas Salz und Pfeffer, dem Thymian und dem Oregano würzen. Das Lorbeerblatt dazugeben und das Chimichurri bis zum Servieren durchziehen lassen.

4 Die Rinderfiletsteaks aus der Marinade nehmen und abtropfen lassen. Das Fleisch im **Programm Steak** 🍳 bis zum gewünschten Gargrad grillen. Mit der Chimichurri-Sauce und geröstetem Brot servieren.

TAMARINDEN HÄHNCHENSPIEßE
MIT TOMATEN-AVOCADO-SALSA UND PAPAS A LA HUANCAÍNA

4 Portionen
40 Min. Vorbereitungszeit +
mind. 2 Std. Marinierzeit +
14 Min. Grillzeit

400 g Hähnchenbrustfilet

Für die Marinade:
2 Limetten
2 TL Paprikapulver, edelsüß
1 Prise Cayennepfeffer
2 EL Tamarindenpaste
5 EL Tomatenketchup

Für die Papas a la Huancaína:
4 Kartoffeln, festkochend
4 Ají Amarillo-Chilischoten oder
orange Mini-Paprika
250 g Ricotta
75 ml Kondensmilch (10 %)
1 Prise Chilipulver
1 hart gekochtes Ei
6 schwarze Oliven

Für die Tomaten-
Avocado-Salsa:
4 Tomaten
1 rote Zwiebel
1 rote Pfefferschote
2 Avocados
½ Bund Koriander, gehackt
Salz, Pfeffer

Außerdem:
Spieße für den OptiGrill oder
Holzspieße

1 Die Hähnchenbrustfilets waschen, trockentupfen und in 2 cm große Würfel schneiden.

2 Für die Marinade anschließend die Limetten auspressen. 3 EL Limettensaft mit dem Paprikapulver, dem Cayennepfeffer, dem Tamarindenmark und dem Ketchup in eine Schüssel geben und verrühren. Die Fleischstücke darin marinieren und mit Frischhaltefolie bedeckt mindestens 2 Stunden, am besten aber über Nacht, im Kühlschrank ziehen lassen.
In der Zwischenzeit können die Salsa und die Papas zubereitet werden.

3 Für die Papas a la Huancaína die Kartoffeln mit Schale kochen. Nach dem Kochen vollständig auskühlen lassen und nach Belieben pellen oder die Schale dran lassen.

4 Die Chilischote bzw. die Paprika auf dem OptiGrill im **Programm Manuell** 🔥 (Orange/180 °C) 9 Minuten grillen.

5 Den Ricotta, die gegrillte Paprika, die Kondensmilch, das Chilipulver und das Eigelb des gekochten Eis mit einem Standmixer zu einer homogenen Creme pürieren. Mit Salz, Pfeffer und evtl. etwas Kondensmilch abschmecken. Die Sauce mindes-

tens 15 Minuten ziehen lassen.

6 Die Kartoffeln in 2 cm dicke Scheiben schneiden und vorsichtig mit der Sauce übergießen. Zum Servieren mit den schwarzen Oliven dekorieren.

7 Für die Tomaten-Avocado-Salsa die Tomaten waschen und vierteln, entkernen und jedes Viertel quer halbieren. Die Zwiebel schälen und grob würfeln. Die Pfefferschote halbieren, entkernen und fein hacken. Die Avocados halbieren und entkernen, das Fruchtfleisch mit einem Löffel aus der Schale heben und in grobe Würfel schneiden. Den Koriander waschen, trockenschütteln, die Blätter abzupfen und kleinhacken.

8 Das Gemüse mit 1 EL Limettensaft vermengen und mit etwas Salz und Pfeffer würzen.

9 Das marinierte Fleisch auf die Spieße stecken und im OptiGrill das **Programm Geflügel** 🐔 wählen. Die Spieße bis Grillstufe „Rare" grillen.

10 Zusammen mit der Avocado-Tomaten-Salsa und den Papas a la Huancaína servieren.

77

TORTILLAS
MIT ZIEGENKÄSE, MANGO UND GUACAMOLE

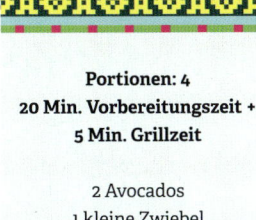

Portionen: 4
20 Min. Vorbereitungszeit +
5 Min. Grillzeit

2 Avocados
1 kleine Zwiebel
1 Knoblauchzehe
2 Limetten
Paprikapulver, edelsüß
Salz
Pfeffer
1 Mango
4 Zweige frische Minze
200 g Ziegenfrischkäse
4 Tortillas

1 Zunächst die Avocados halbieren und das Fruchtfleisch rauslöffeln. Das Fruchtfleisch der Avocado in einer Schüssel mit einer Gabel zerdrücken. Die Zwiebel kleinschneiden, die Knoblauchzehe hacken. Den Saft von 2 Limetten, die Zwiebel, den Knoblauch, das Paprikapulver, Salz und Pfeffer zum Avocadopüree geben und gut verrühren.

2 Die Mango schälen und in dünne Stäbchen schneiden. Die Minze kleinhacken und mit dem Ziegenfrischkäse in einer Schüssel verrühren.

3 Die Guacamole mittig auf den Tortillas verteilen, darauf die Mango-Streifen geben und mit Ziegenfrischkäse bedecken. Die Außenseiten zur Mitte klappen und von unten den Wrap unter Zug aufrollen.

4 Die Wraps im **Programm Sandwich** 🥪 5 Minuten knusprig grillen.

Weitere Empfehlungen für Sie

128 Seiten, 188 x 230 mm, Softcover,
ISBN 978-3-95843-970-2
€ 14,99

128 Seiten, 188 x 230 mm, Softcover,
ISBN 978-3-96664-191-3
€ 14,99

80 Seiten, 145 x 190 mm, Softcover,
ISBN 978-3-96664-337-5
€ 9,99

80 Seiten, 145 x 190 mm, Softcover,
ISBN 978-3-96664-335-1
€ 9,99

**Unser komplettes Programm erhalten Sie
in jeder Buchhandlung und unter www.heel-verlag.de**